Das kleine Buch vom Niederrhein

Mit Fotos von Georg Sauerland

Mercator-Verlag

Jung Siegfried von Xanten

Siegmund, ein niederländischer Fürst, bewohnte mit seiner Gemahlin das Schloss zu Xanten. Sie hatten einen Sohn, Siegfried, dessen Körperkräfte schon früh sich außerordentlich entwickelten, nicht minder aber auch sein trotziger, unbändiger Sinn, der allen Lehren und Ermahnungen spottete. Daher entfloh er eines Tages, um in der Welt umherschweifend Abenteuer zu suchen. Er wanderte den Rhein hinauf und traf da am Fuße des Siebengebirges den berühmten Waffenschmied Mimir, dessen Beschäftigung ihm so wohlgefiel, dass er beschloss, bei ihm in die Lehre zu gehen, um sich selbst seine Streitwaffen zu verfertigen.

Mimirs Gesellen mussten bald die Kampfeslust Siegfrieds empfinden. Nicht selten warf er sie in den Sand oder verbläute sie tüchtig. Als Schmied war er indes nicht zu gebrauchen, denn er zerhieb alle Eisenstangen und trieb durch gewaltige Schläge den Amboss in den Boden. Der Meister, um den wüsten Recken loszuwerden, schickte ihn eines Tages zum Kohlenbrennen in den Forst, und zwar nach einer Gegend hin, wo ein fürchterlicher Drache hauste. Siegfried zündete an Ort und Stelle einen mächtigen Kohlenmeiler an, und eben hatte er ihn in gewaltige Glut gesetzt, als der Lindwurm mit aufgesperrtem Rachen dahergeschossen kam, den neuen Kohlenbrenner mit Haut und Haaren zu verschlingen. »Ho, ho!«, rief Siegfried. »Das gibt ein Abenteuer! Hier heißt es, sich seiner Haut gewehrt!« Und aus dem Feuer zog er einen Eichenbaum, dessen brennendes Ende er dem Ungetüm in den Rachen stieß, gleichwie man einen Eber anlaufen lässt. Von Schmerz zu grimmigster Wut gestachelt, wälzte der Drache sich auf dem Boden, und mit seinem ungeheuren Schweif suchte er Siegfried niederzuschmettern. Dieser aber versetzte ihm gewaltige Schläge und wusste geschickt auszuweichen, und einen günstigen Augenblick erspähend hieb er ihm den Kopf ab. Den Wanst warf er ins Feuer. Aber mit Verwunderung sah er daraus einen großen Strom von Fett hervorquellen, der zu seinen Füßen eine Lache bildete.

Da liegen hinter breiten Dämmen
die vielgerühmten Dome von Xanten und Calcar,
da schläft Vergangenheit, ruhmvoll und reich,
den allerdicksten Schlaf.

Wilhelm Schäfer (1868 – 1952)

Entkleidet warf er sich in das Fett, und dies salbte ihn an allen Gliedmaßen, mit Ausnahme eines Flecks an der rechten Schulter, der durch ein vom Baum gefallenes Blatt zufällig bedeckt gewesen. Mit dem Kopf des erlegten Ungeheuers ging nun der so Gefeite in die Schmiede zurück. Hier erschlug er den heimtückischen Mimir, und nachdem er sich ein trefflich Schwert wie auch eine glänzende Rüstung ausgewählt und aus dem Stall das beste Pferd, den Renner Grani, gesattelt, zog er nach neuen Abenteuern begierig von dannen.

Nach langer Fahrt erreichte er auch endlich das Nibelungenland, und als er müde sich da auf dem Boden ausstreckte, umringte ihn eine Schar von Zwergen, die ihn voller Verwunderung betrachteten und dann zu ihrem Gefangenen machen wollten. Der Jüngling wehrte sich aber so gut er konnte, band ihren Führer Alberich selbst mit dessen langen Haaren und zwang ihn aufzuzeigen, wo Schwert und Kappe verborgen waren. Doch diese Zaubergaben zu erlangen, war keineswegs einfach. Erst musste Siegfried den grimmigen Riesen Wolfgrambär überwältigen, der ein unterirdisches Schloss bewachte, den Zwerg Alberich, der ihn verraten wollte, nochmals züchtigen, bis dieser ihm die Stelle zeigte, wo die Tarnkappe verborgen war, und endlich musste Wolfgrambär dem Helden, der ihn gut gefesselt hatte, das Schwert Balmung übergeben. Nachdem dies alles geschehen war, gab Siegfried seinen Feinden die Freiheit wieder.

Nachdem er also sein Ziel erreicht und in diesem Lande ebenfalls einen Drachen erschlagen hatte, der der Hüter eines großen Schatzes war, befiel den Helden das Heimweh, und er machte sich auf den Rückweg zu seinem väterlichen Schloss. Nach mondenlanger Reise langte er dort auch an, zur größten Freude seiner Eltern, denen er seine wunderbaren Abenteuer erzählte.

(nach: Kiefer, Franz Josef, Die Sagen des Rheinlandes, Köln 1845, S. 17 – 22)

Der Gedanke die unsichtbare Natur,
die Natur der sichtbare Gedanke

Heinrich Heine (1797 – 1856)

Wie

Wir niederrheinischen Menschen
Sind ja oft von einem...
Wie soll ich sagen
Von einem sturen Unglauben
Bis wir mal wat glauben
Dat dauert furchtbar lang
Aber et kann natürlich auch sein
Dass wir alles schon ahnen
Und et dann aber nich glauben wollen
Weil et so schlimm is im Leben
Meistens
Wommasosagen:
Wenn uns wat nich in den Kram passt
Glauben wir et einfach nich
Dat nennen die Psychologen ja
Verdrängen
Un wir Niederrheiner sind ja
Chefverdränger
Ich sage Ihnen
Wat am Niederrhein nich alles
Jeden Tag verdrängt wird
Dat passt in keine Talsperre
Weil et is manchmal zuviel
Für unsereinem im Leben
Wie gesagt
Un dann is ma ja auch
De Tragödienkram langsam leid

Und dann will man nix mehr hören
Uun nix mehr sehen
Also ein Ohr rein ander Ohr raus
Un damit man dann aber
Nich ganz unhöflich is
Also sagen wer mal doch
Anteil nimmt am Geschehen
Benutzt der Niederrheiner
Oft mit gespieltem Interesse
Das kleine Wörtchen: WIE
Wie zum Beispiel:
Dat Fahrrad is kaputt
Wie kaputt
Ja Kette gerissen
Wie Kette gerissen
Weiß ich auch nich
Wie weiß ich auch nich
Dann sieh ma zu wie de
Dat Ding wieder in Ordnung kriss
Das war jetzt nur mal son Beispiel
Oder aber wenn et ernster is
Da geht es dann oft so
De Gerd is krank
Wie krank
Ja wie weiß ich auch nich
De is krank de liegt jedenfalls
Wie de liegt

Ja de liegt weil er krank is
Wo denn
Zu Hause liegt de
Wie de liegt zu Haus
Warum denn nich im Krankenhaus
Weiß ich doch auch nich
Ja wat soll denn dat heißen
Er hätte son komisch Gefühl gehabt
Wie son komisch Gefühl
Sagt Mathilde
Die hat doch keine Ahnung
Er liegt jedenfalls
Der hat sich bestimmt
Den Magen verdorben
Wie den Magen von wat denn
Is doch alles vergiftet heut
Da müsst unsereiner
Ja auch ständig krank sein
Er hätt son komisch Gefühl gehabt
Und sich was hingelegt
Jedenfalls is da wat nich in Ordnung
Wie nich in Ordnung
Ja also vom Magen her
Ja un wat tut er dagegen
Umschläge
Wie Umschläge
Ja so heiße Umschläge

Der Niederrheiner
weiß nichts,
kann aber alles erklären.

Hanns Dieter Hüsch

Un dat soll gut sein
Ja so heiße Umschläge
Gegen die Krämpfe
Wie Krämpfe
Dat hör ich ja jetzt zum erstenmal
Krämpfe
Ja weiß ich auch nich
Jedenfalls von Zeit zu Zeit
kommen die dann so Stiche
Wie Stiche
Ja so Krämpfe
Die gehen dann wieder weg
Un dafür dann die Umschläge
Kochendheiß
Wie kochendheiß
Ja damit de Krampf sich löst
Wie de Krampf sich löst
Ja de Krampf de löst sich dann
Wie weiß ich auch nich
Du weißt doch nie wat
Wat weißt du denn schon
Ich bin ja kein Arzt ne
Ja ich ja auch nich
Is de denn schon dagewesen
Wer
De Arzt
Wahrscheinlich nich
Wie wahrscheinlich nich
Mathilde
Hat jedenfalls nix davon gesagt
Die hat doch sowieso keine Ahnung
Wie lang will de denn liegen bleiben
Kommt drauf an
Wie kommt drauf an
Dann is also de Skatabend im Eimer
Wie im Eimer
Ja de Skatabend
Wir wollten doch
Heute Abend Skat spielen
Dat is doch jetzt nich so wichtig
Wie nich wichtig
Dienstagabend wird Skat gespielt
Aber de Gerd is doch krank
Wie krank
So krank möcht ich auch ma sein
Wenn de ma krank is
Hauptsache
Tach zusammen

Die Ebene am unteren Rhein wurde vom Schöpfer
in einer geruhsamen Stunde gestaltet.

Heinrich Plönes (1885 – 1956)

Das weiße Gold vom Niederrhein

Frühlingszeit ist Spargelzeit. Mit dem ersten Spargel-Stechtag endet für die große Schar der Freunde und Anhänger, die der »König des Gemüses« weltweit besitzt, die lange Zeit des Darbens. »Bis Johanni, nicht vergessen, sieben Wochen Spargel essen« heißt es jetzt, und Hobby- ebenso wie Meisterköche setzen alles daran, um den »Gaumenschmeichler« ebenso zu würdigen wie ihm zu vielseitigen Auftritten zu verhelfen.

Spargel ist kein Gemüse wie andere auch. Das liegt möglicherweise an der saisonalen Beschränkung, zu der er seine Fans zwingt, mit Sicherheit auch an seiner langen, mehr als zweitausend Jahre zurückreichenden Tradition. Nicht zuletzt ist der Spargel eine der letzten Kulturpflanzen, die sich hartnäckig dem Gebrauch von Maschinen widersetzt. Spargel ist »Handarbeit« – das macht ihn so kostbar. Schon die Römer brachten einst in grauer Vorzeit den Spargel mit an den Niederrhein. Als »blandimentum gulae«, als Gaumenschmeichler, wurde Spargel bei römischen Festgelagen meist zu Beginn eines Mahles gereicht, um den Appetit zu wecken. Nach dem ältesten überlieferten Rezept, in den Aufzeichnungen des Kochs Gavius Apicius, wird der Spargel in Eierkuchen eingerollt serviert.

Weniger appetitanregend nach heutigem Geschmack mutet dagegen ein anderes römisches Rezept an: »Gesottene Spargel werden im Mörser mit Wasser verstampft und durchgetrieben. Sechs Eier mit Wein und Fischlake in eine Pfanne geschlagen, mit der Spargelbrühe auf warme Asche gesetzt, eine Sauce von zerstoßenem Pfeffer, Fischlake, Wein, Rosinensaft und Öl dazugetan. Das Ganze wird nun gedämpft, mit Pfeffer überstreut und aufgetragen.« Möglicherweise waren solcherlei Genüsse für die eher derb-deftigen Gaumen der Germanen am Niederrhein allzu fremdländisch. In jedem Fall verschwand der Spargel nach dem Ende der Römerzeit am Niederrhein und wurde erst im 19. Jahrhundert wieder entdeckt.

Heute gibt es vor allem zwei bevorzugte Spargel-Regionen am Niederrhein – in und um Walbeck sowie in der Heinsberger Region um Effeld und Haaren. Hier wie dort sind die weitläufigen Spargel-Kulturen der besonderen Beschaffenheit des Bodens zu verdanken: In Walbeck bietet die vor Millionen von Jahren angeschwemmte Maas-Niers-Düne mit ihrer Mischung aus Sand, Löß und Lehm optimale Anbau-Voraussetzungen, in Effeld ist es der dunkle »Flug« – und in Haaren der hellere »Kaninchen-Sand«.

Sobald die Saison beginnt, setzt sich ein wahrer Spargel-Pilger-Zug in Richtung Niederrhein in Bewegung. Aus Köln und Bonn, aus der Eifel und dem Ruhrgebiet, ja sogar aus den benachbarten Grenzregionen reisen die Feinschmecker an, um vor Ort, »frisch vom Erzeuger«, Spargel zu kaufen oder in den

Gaststätten und Restaurants der Region die hervorragend zubereiteten Spargel-Spezialitäten zu genießen. Die wahren Spargel-Freunde sind Ästheten. Ihr Spargel-Glück ist nur von kurzer Dauer. Umso mehr will es genossen sein. Spargel eignet sich nicht für den schnellen Verzehr, nicht für die rasche Sättigung. Von der heute weit verbreiteten »Fast-Food-Mentalität« lässt er sich nicht vereinnahmen – zum Essen »von der Stange« kann man ihn, gottlob, nicht degradieren. Spargel-Liebhaber zelebrieren jede Mahlzeit, gleichgültig, ob sie zu Hause selbst zu Spargelschäler und Spargeltopf greifen, oder ob sie sich in einem Restaurant mit neuen Spargel-Kreationen oder den traditionsreichen Spargel-Spezialitäten verwöhnen lassen…

Spargel-Torteletts – für 10 Torteletts

250 g Mehl, 1 Prise Salz, 90 g weiches Schweineschmalz, 1 Ei, 75 ml lauwarmes Wasser, 350 g Spargel, 1 kleine Möhre(50 g), Salz, Butter für die Förmchen, 150 ml Sahne, 5 Eigelb, 2 EL gehackte Petersilie, Salz, Pfeffer

Mehl, Salz, Schmalz und Wasser zu einem glatten Teig verkneten. Zugedeckt 1 Stunde kühl stellen. In der Zwischenzeit Spargel und Möhren schälen, putzen und in Stücke schneiden. Wasser und Salz zum Kochen bringen und das Gemüse darin bissfest kochen. Auf Küchenkrepp abtropfen lassen. 10 Tortelett-Förmchen ausbuttern. Den Teig dünn ausrollen und die Förmchen damit auslegen. Gemüse in die Törtchen füllen. Sahne, Eigelb und Petersilie verquirlen. Mit Salz und Pfeffer würzen und auf den Torteletts verteilen. Im vorgeheizten Backofen bei 200°C auf der mittleren Schiene 10 bis 15 Minuten backen. Heiß oder kalt servieren.

Fischfilet auf Spargel – für 4 Portionen

800 g Spargel, 150 ml lieblicher Weißwein, 5 cl trockener Wermut, Salz, weißer Pfeffer, 4 Fischfilets à 200 g (Kabeljau, Seelachs), 2 EL Zitronensaft, 200 ml Sahne, 1 EL Speisestärke, abgeriebene Schale unbehandelter Zitrone

Spargel schälen, putzen und quer halbieren. Wein und Wermut in einer beschichteten Pfanne erhitzen, mit Salz und Pfeffer würzen und den Spargel darin 15 Minuten dünsten. Abtropfen lassen und warm stellen. Fischfilet mit Zitronensaft beträufeln und einige Minuten ziehen lassen. Die Filets in den Spargelfond geben und in 15 bis 20 Minuten gar dünsten. Herausnehmen und warm stellen. Sahne und Speisestärke verquirlen, mit dem Schneebesen in den Fond rühren und einige Minuten sämig einköcheln lassen. Mit Zitronenschale, Salz und Pfeffer abschmecken. Fischfilet auf dem Spargel anrichten und die Soße darüberziehen. Dazu Petersilienkartoffeln reichen.

Spargelragout mit Kartoffeln –
für 4 Portionen

8 große Kartoffeln, Butter für die Form, 600 g Spargel, Salz, 1 TL Zucker, 40 g Butter, 30 g Mehl, 250 ml Spargelsud, 125 ml Sahne, 125 ml halbtrockener Weißwein, Salz, weißer Pfeffer, Muskat, 1 EL gehackter Schnittlauch, 200 g gekochter Schinken, 100 g geriebener Emmentaler oder Gouda

Kartoffeln am Vortag kochen und pellen. Eine feuerfeste Form ausbuttern. Die Kartoffeln vorsichtig bis auf einen etwa Halbzentimeter

Spargel-Torteletts

Fischfilet auf Spargel

dicken Rand aushöhlen und in die Form setzen. Spargel schälen, putzen und in 1 cm große Stücke schneiden. Wasser, Salz und Zucker zum Kochen bringen, die Spargelstücke darin bissfest kochen und auf Küchenkrepp abtropfen lassen. Butter zerlassen, Mehl mit dem Schneebesen einrühren und kurz anschwitzen. Mit Spargelsud ablöschen. Wein und Sahne unterrühren und die Soße 8 bis 10 Minuten köcheln lassen. Mit Salz,

Pfeffer und Muskat würzen, den Schnittlauch zufügen. Den Schinken in kleine Würfel schneiden und zusammen mit den Spargelstücken unter die Soße heben. Das Ragout in die Kartoffeln füllen und mit Käse bestreuen. Im vorgeheizten Backofen bei 180°C auf der 2. Schiene von unten 20 bis 30 Minuten überbacken. Heiß servieren.

Spargel mit verschiedenen Soßen –
für 6 Portionen

1,5 kg Spargel, 1 TL Salz, 2 TL Zucker
Spargel schälen und putzen. Wasser mit Salz und Zucker in einem großen Topf zum Kochen bringen und den Spargel darin nicht zu weich kochen. Heiß mit verschiedenen Soßen servieren. Beilage: Neue Kartoffeln.

Kräutersoße:
1 Eigelb, 1 Tl Senf, Salz, Pfeifer, 1 Becher Trinkmilch-Joghurt (125 g), 1 EL Zitronensaft, 2 EL gehackte Kräuter (Petersilie, Schnittlauch, Kerbel, Dill, Koriandergrün), 100 ml Sahne

Eigelb, Senf, Salz, Pfeffer, Joghurt, Zitronensaft und Kräuter glattrühren. Sahne steifschlagen und unterziehen.

Dillmayonnaise:
6 El Mayonnaise, 2 EL gehackter Dill, Salz, Pfeffer, 1 Spritzer Worcestersauce, Dillspitzen

Alle Zutaten glattrühren und die Soße mit Dillspitzen garnieren.

Ananas-Soße:
2 Scheiben Ananas, 2 EL gehackte Walnüsse, 1 EL mittelscharfer Senf, 1 EL Zitronensaft, Salz, Pfeffer, 200 ml Sahne

Ananas mit dem Mixstab fein pürieren, Walnüsse, Senf, Zitronensaft, Salz und Pfeffer unter das Püree rühren. Sahne steifschlagen und unterziehen.

Quarksoße:
1 kleine Zwiebel, 1 EL Butter, 50 ml Weißweinessig, 40 g Butter, 100 g Magerquark, 100 ml Milch, 1 EL gehackte Estragonblättchen, Salz, Pfeffer, Worcestersauce

Zwiebeln schälen, feinhacken und in der Butter glasig dünsten (nicht bräunen). Wein und Essig angießen und auf ca. 1/3 einkochen lassen. 40 g Butter zufügen. Die Soße mit dem Mixstab püriere und abkühlen lassen. Quark mit Milch glattrühren und mit dem Estragon unter die Soße ziehen. Mit Salz, Pfeffer und Worcestersauce abschmecken.

Paprikasoße:
1 kleine rote Paprikaschote, 150 ml Sahnequark (40%), 1 EL Tomatenketchup, 4 EL Salatcreme, Salz, Pfeffer, 1 EL Edelsüßpaprika

Paprikaschote waschen, halbieren, Stiel, Kerne und Trennwände entfernen. Fruchtfleisch klein schneiden und mit dem Mixstab fein pürieren. Quark, Ketchup und Salatcreme glattrühren, Paprikapüree unterziehen. Die Soße mit Salz, Pfeffer und Edelsüßpaprika abschmecken.

Weißweinsoße:

50 ml lieblicher Weißwein, 2 EL mittelscharfer Senf, 6 EL Mayonnaise, Salz, Cayennepfeffer

Wein, Senf und Mayonnaise glattrühren. Die Soße mit Salz und Cayennepfeffer abschmecken.

Spargelragout mit Kartoffeln

Spargel mit verschiedenen Soßen

Spinatsoße:

200 g frischer Spinat, 1 EL Rapsöl, 5 EL Mayonnaise, 100 ml Sahne, Salz, Pfeffer

Spinat gründlich waschen und tropfnass in Öl dünsten, bis er zusammenfällt. Herausnehmen und abkühlen lassen. Mit dem Mixstab pürieren und die Mayonnaise unterrühren. Sahne steifschlagen und unterziehen. Die Soße mit Salz und Pfeffer abschmecken.

Wenn es einen landschaftlichen Ausdruck
für Pazifismus gäbe – hier ist er.

Joseph Roth (1894–1939)

Die Gräfin von Kleve

Auf dem Söller ihrer einsamen Burg saß Beatrix, die junge, schöne Gräfin von Kleve, und schaute traurig den Rhein hinauf. Sie hatte keine Eltern mehr, denn ihr Vater war längst nach Palästina gezogen und nicht mehr zurückgekehrt, und der Tod hatte ihr nun auch kürzlich die Mutter entrissen und mit dieser war alle Lust ihres Lebens zu Grabe getragen worden. Es war ein stiller Sommerabend, und so weit das Auge reichte, sah man kein Fahrzeug auf dem Strom und keinen Wandrer an seinen Ufern. Die junge Gräfin kam sich vor, als wäre sie allein in der Welt, und ihr gepresstes Herz floss in Tränen über.

Jetzt zeigte sich in der Ferne ein Schiff, das mit vollen Segeln daher flog. Das Schiff kam bald näher und endlich so nah, dass Beatrix alles darauf recht deutlich unterscheiden konnte. Ober auf der Segelstange schimmerte ein goldener Schwan, und tief unten hing ein Schild mit demselben Zeichen. Auf dem Verdeck stand ein junger Ritter von stattlichem Ansehen, der fast unbeweglich nach der Gräfin hinübersah.

Das Fahrzeug wendete jetzt plötzlich nach dem Ufer, wo die Burg stand. Beatrix empfand darob ein unerklärliches Bangen und entfernte sich vom Söller, als die Reisenden an Land stiegen. Sie ging nachdenklich im Gemach auf und ab; da meldete man den fremden Ritter, der eben angelangt war. Beatrix empfing ihn mit Herzklopfen – sie hatte nie eine so edle, einnehmende Jünglingsgestalt gesehen, und in ihr unbewachtes Herz fiel der erste Funke der Liebe.

Der Fremde sagte seinen Namen und seinen Auftrag. Er hieß Erlin von der Schwanenburg, kam aus Antiochien und brachte der Gräfin Kunde von ihrem Vater, der noch am Leben war, aber sich durch ein Gelübde auf Lebenslang zum Dienst der Christen in Palästina verbunden hatte. Beatrix wurde bei der Nachricht von Schmerz und Freude bewegt;

In Kleve ragt weit über das Land
Lohengrins Schwanenturm.

Wilhelm Schäfer (1868 – 1952)

doch behielt jener die Oberhand, denn es grämte sie sehr, dass sie ihren Vater nicht mehr sehen sollte.
Erlin blieb drei Tage bei der Gräfin und müsste ihr die ganze Zeit über von ihrem Vater erzählen. Am Abend des dritten Tages überreichte er ihr ein Brieflein mit den Worten: »Lest, schöne Beatrix, und sagt mir dann, ob ich morgen reisen oder noch länger bleiben soll!« Das Brieflein war von ihrem Vater und erhielt die wenigen Worte: »Wenn der Ritter von der Schwanenburg deine Gunst gewinnen kann, deren er wert ist, so gebe ich dir ihn zum Gemahl.«
Das Herz der Gräfin hatte nicht gegen diesen Wunsch einzuwenden und Erlin erhielt ihre Hand. Sie lebten glücklich und bekamen drei Söhne, Dietrich, Gottfried und Konrad. Nachdem sie herangewachsen und wehrhaft gemacht waren, gab der Vater dem ersten seinen Schild und sein Schwert und ernannte ihn zu seinem Nachfolger; dem zweiten schenkte er das Horn, welches er auf der Reise nach Deutschland an der Hüfte getragen, mit der Grafschaft Leon; der dritte bekam des Vaters Ring und die Grafschaft Hessen. Bald darauf verschwand Ritter Erlin. An seine Gattin hinterließ er folgende Zeilen:

»Ein Gelübde ruft mich zu deinem Vater zurück. Ich hinterlasse dir mein Andenken in drei wackeren Söhnen und nehme mir dein Bild und deine treue Liebe.«
Beatrix wurde von tiefer Trauer ergriffen – tagelang saß sie auf dem Söller und schaute den Rhein hin, ob der geliebte Gatte nicht wiederkehre. Wohl kam manches Schiff herab, aber keines brachte den Schwanenritter. Der Schmerz endigte bald ihr Leben.
Zum Andenken dieser Geschichte wurde die Burg zu Kleve die Schwanenburg genannt, und noch jetzt schimmert ein goldener Schwan oben auf dem Turm.

Dies ist die Sage von Erlin und Beatrix, die in anderen Überlieferungen Lohengrin und Elsa heißen.

In dieser silbrigen Luft, die vor Sommer zittert,
bilden Legenden und Sagen und Wirklichkeit
eine unauflösliche Dreieinheit.

Emil Barth (1900 – 1958)

„... mit allem Dröm on Dran“

Es gibt am Niederrhein viele Gasthäuser, die deutlich auf eine regionale Spezialität hinweisen:
»Niederrheinische Kaffeetafel«
Der neugierige Nicht-Einheimische kehrt ein und staunt allemal, wenn ihm dann aufgetischt wird, was eher nach einer deftigen Brotzeit als nach einer Kaffeerunde aussieht.
Es handelt sich nicht um eine kulinarische Raffinesse, die einer besonderen Vorbereitung bedürfte, nein, es geht um einen guten, alten Brauch, der seine bäuerliche Herkunft nicht verleugnen kann und der vor allem viel über Atmosphäre und Mentalität von Land und Leuten verrät.
Wenn man in einem alten Heimatkundebuch aus dem Jahre 1830 über Sitten und Traditionen des Niederrheiners liest, findet man auch einiges über außergewöhnliche Essgewohnheiten. Dort heißt es etwa, der Niederrheiner esse viel und gut und ohne Hast. Selbst das Gesinde nehme sich eine volle Stunde zum Verzehr des Frühstücks. Und weiter:
»An den Kirmestagen müssen die Tische mit Speisen beladen und jede muss in Massen vorhanden sein. Fast jeder trinkt täglich sein Bier oder seinen Branntwein. Und der Fremde wird gewöhnlich mit einem Glase Branntwein begrüßt, nachdem der Wirt Zucker hineingeworfen und es zuerst einmal selbst ausgeleert hat. Auf den meisten alten Bauerngütern herrscht noch die löbliche Sitte, dass der Eigentümer mit Frau und Kindern gemeinschaftlich mit Knechten und Mägden an einem Tische dieselbe Speise in langsamen, abgemessenen Zügen verzehrt. Nach gehaltener Ernte oder an Kirmestagen, die jeder Bauer hält, werden Knechte und Mägde mit Backwerk und Branntwein traktiert. Die Freunde und Nachbarn finden sich zum Schmause ein. Gewöhnlich dauert diese Festzeit drei Tage.«
Gewiss kommt man über eine solche, wenn auch nüchterne Schilderung schon auf die Spur unserer Kaffeetafel. Noch viel anschaulicher ist allerdings jene kleine Anekdote, die sich viele Niederrheiner erzählen:
Um seiner Frau einen Denkzettel zu geben, weil sie immer geiziger wurde und sogar am sonntäglichen Kaffee und Kuchen zu

Diebels

sparen begann, lud der reiche und angesehene Bürgermeister Verschuren, ohne seine Frau zu fragen, die Gattinnen seiner Stammtischbrüder zu einer »Kaffeevisitt« in sein Haus ein. Als am nächsten Tag die Nachbarinnen und Freundinnen im besten Schwarzseidenen ganz unverhofft erschienen, ahnte die Frau Bürgermeisterin gerade noch rechtzeitig, dass sie eine größere Gesellschaft zu Gast haben werde. Sie verschwand für eine kleine Weile, um sich ebenfalls schön herauszuputzen und ihren Mägden Anweisung zu geben, in der guten Stube eine festliche Tafel zu decken und vom Besten aus Küche und Vorratskammer aufzutragen. Denn sie wusste, was sie ihrem Namen schuldig war.

Damit es niemandem auffalle, wie wenig vorbereitet sie auf diese Gesellschaft war, reichte sie als Begrüßungstrunk einen auf schwarze Johannisbeeren »aufgesetzten« und reichlich mit Kandis gesüßten Obstschnaps.

Unterdessen ließ sie anrichten. Große Platten mit rohem und gekochtem Schinken, mit Mettwurst und altem Holländer Käse wurden hereingetragen. Schüsseln voll frischer Butter, Honig und Apfelkraut und Körbe mit schwarzem, weißem und Rosinenbrot folgten. Kannen mit Kaffee und Milch wurden immer wieder nachgefüllt, bis auch noch der inzwischen gebackene Streuselkuchen angeboten werden konnte. Als die Damen schließlich an den Heimweg denken mussten, ließ die Hausfrau noch einen Krug mit Altbier hereintragen.

Der Ruf der Bürgermeisterin als großzügige Gastgeberin und hervorragende Köchin verbreitete sich verständlicherweise sehr rasch.

Wurde diese Kaffeetafel auch schnell improvisiert, sie bürgerte sich doch in der ganzen Gegend ein und wurde Vorbild nicht nur für Familienfeste. Jeder Anlass war willkommen, oft saß man nach harter Feldarbeit in großer Runde zum Feierabend zusammen.

Noch heute werden am Niederrhein Gemütlichkeit und Gastlichkeit gerne gepflegt. Die herzhaften Köstlichkeiten aus der Bauernküche – wenn auch die meisten Hausfrauen die Wurst, Milch und Butter oder das Rübenmus nicht mehr selbst herstellen – gehören am Sonntag zur richtigen Kaffeetafel ebenso wie der Streuselkuchen, der Kaffee, der Obstler und das freundliche Altbier aus Issum.

Zuckerrübenkraut

Der Müller

Es stand eine schöne große Mühle in Walsum am Rhein, nicht weit von dem Wirtshaus »Zum Schwan«.
Wenn im Frühling die Weidenbüsche gelb wurden und die Birken grün, dann lag im Sonnenschein der Mühlenteich wunderschön hinter dem Haus im Garten, in dem Schneeglöckchen und Osterblumen blühten. Aber so schön der Teich auch war, so war er weit mehr noch bekannt wegen der zwei weißen Schwäne, die auf seinem stillen Wasser ihre stummen Kreise zogen.

Aber mit einemmal war all die Schönheit und Freude dahin.
Das Blühen war dahin und dahin war auch das Lachen der sechs Kinder, die im Garten spielten; denn der Müller hatte eine grässliche Tat vollbracht.
Er hatte, als ihm die Müllerin ein siebentes Kindlein geschenkt hatte, dieses junge Menschenleben umgebracht, weil er sechs Kinder und darüber hinaus keines mehr haben wollte.

Als das geschehen und der Müller wieder ins Haus gegangen war, erhob sich auf dem sonst so stillen Teich ein klagendes Geschrei, das den Müller so erschreckte, dass er hinauslief und sehen musste, wie das Wasser furchtbar in Bewegung war.
Da er am Garten entlang zum Teich gehen wollte, ergriff ihn eine hohe Welle, riss ihn mit sich und zog ihn in die Tiefe, in der nicht nur der Müller, sondern auch das ganze Wasser versank, so dass von dem Teich nichts übrig blieb als ein tiefes Loch und ringsherum alles Leben erstarb.
Die weißen Schwäne, die die Klagetöne ausgestoßen hatten, flogen für immer davon, wie auch das Glück für immer entschwand.
Das Bild eines der beiden Schwäne kann man noch in Stein gehauen über der Tür des Wirtshauses sehen, das nach dieser Geschichte seinen Namen bekommen haben soll.

Nah und fern streckten immer wieder anders
in das Land gesetzte Windmühlen
ihre unbewegten Arme in die Luft.

Wilhelm Schmidtbaum

Da ist Platz für eine schwere Sommernacht;
wenn alle Weite hell ist im Dunst und alle Nähe
im tiefen Schatten liegt.

Wilhelm Schäfer (1868 – 1952)

Der große Frosch

Im niederrheinischen Land lag an einem großen See ein Dorf. Hier quakten die Frösche in den Frühlingsabenden lauter als die Nachtigallen sangen. Deshalb mussten die Bauern die Nächte hindurch mit Weidenruten ins Wasser schlagen, um die Frösche und Unken zu vertreiben, damit die Schlossherrschaft schlafen konnte. Man erzählte sich, dass im Grunde des Sees ein großer Frosch mit Ketten angeschmiedet sei, und sagte den Kindern: »Bleibt weg vom See, ihr wisst ja doch: Der große Frosch! Er hat ein Maul so groß wie ein Scheunentor!« Vor hundert Jahren oder mehr, so sagt man, sei der Frosch plötzlich erwacht. Als er die Füße auf das Ufer setzte und einmal laut quakte, da war es wie ein Zeichen und wie ein Signal. Von Stund an quakten alle Leute. Der Pfarrer quakte am Sonntagmorgen auf der Kanzel, der Küster, als er vorsang, quakte, und die Leute meinten, sie seien beide verrückt geworden. Aber sie tuschelten selber quakend miteinander und quakten hernach beim Gesang, den die Orgel begleitete. Das Sonderbare aber war, dass es jeder nur am anderen hörte und sagte: »Alle sind verrückt, nur ich nicht, Gott sei Dank!« Wer mit seiner Frau zu Hause sprach, quakte, und als die lachte, musste sie auch mit jedem Wort quaken. Noch am anderen Morgen quakten sich der Lehrer und die Kinder an. Das war ein Durcheinander, so dass alle Kinder nach Hause liefen. Die Frauen am Brunnen ließen die Wäsche Wäsche sein. Zuletzt brachten doch die Männer den Mut auf, dem großen Ungetüm mit Donnerbüchsen, Sensen, Säbeln und Stangen entgegenzuziehen.

Aber der Frosch riss nur das scheunengroße Maul auf und quakte. Da fielen alle hintenüber und machten, dass sie nach Hause kamen. Es war Leid und Jammer überall, bis die Frauen mutig wurden, vor das Dorf zogen und angesichts des dicken Frosches einstimmig alle miteinander noch lauter quakten als das Ungetüm, das sich dann auch schleunigst hinten- und kopfüber in den See warf und seitdem nie wieder hervorgekommen ist.

Diese Erde ist für Spaziergänger da,
nicht für Marschierende.

Joseph Roth (1894 – 1939)

Die Altbiergrenze

Altbier ist nicht nur ein Getränk unter vielen, es hat auch Identifikationsqualität für den Niederrheiner wie das Kölsch für den Kölner. Nördlich einer Linie von Krefeld über Nettetal gilt das nur noch in eingeschränktem Maße: Seit den 70er Jahren hat hier der Absatz des Pils das Altbier überflügelt. Doch in den städtischen Gebieten um Mönchengladbach, Krefeld, besonders aber in Düsseldorf und Neuss behauptet das Altbier seine Vorrangstellung. Diese Momentaufnahme darf nicht den Blick für die Tatsache verstellen, dass der gesamte Niederrhein bis in die 70er Jahre Altbiergebiet war. Mit gutem Recht konnte man damals die räumliche Ausdehnung des Niederrheins über seine »Altbiergrenze« definieren.

Die eigentümliche Resistenz des niederrheinischen Altbiers gegen das in der letzten Hälfte des 19. Jahrhunderts aus Bayern ins Rheinland vordringende untergärige Bier hatte zunächst klimatische Gründe. Zum Verständnis dieser Tatsache ist die Kenntnis der ober- und der untergärigen Brauweise erforderlich: Das Altbier ist ein obergäriges Bier, das heißt, die Bierhefe gärt bei Temperaturen zwischen 14 und 22°, die Hefezellen steigen dabei nach oben.
Die Hefe des untergärigen Bieres gärt bei 4 bis 9°, die Hefezellen sinken während der Gärung nach unten. Bevor man das Vermehrungsverhalten der Hefen erkannte und die Züchtung von Hefen möglich wurde, war man auf die in der Luft schwebenden »wilden Hefen« angewiesen.
Der Gärprozess des Bieres durch wilde Hefen setzte nach dem Kochen und der allmählichen Abkühlung des Suds (Würze) ein. Da die höheren Gärtemperaturen der obergärigen Hefe während des Abkühlungsprozesses eher erreicht wurden als die niedrigeren der untergärigen Hefe, hatten die obergärigen Hefen grundsätzlich einen Vermehrungsvorteil:

Wie Zwerge schaun engbrünstig schmale Häuschen sich an
aus alten kleinen Fenstern, wie aus Insektenaugen.

Alfons Paquet (1881–1944)

Die althergebrachte Brauweise (daher der Name Altbier) war die natürliche Art der Bierherstellung. Um untergäriges Bier zu produzieren, musste die gekochte Würze schnell auf 4 bis 9° abgekühlt werden, damit die obergärigen wilden Hefen keine Zeit zur Vermehrung hatten und statt dessen die untergärigen Hefestämme zum Zuge kamen. Dieses Bier hatte gegenüber dem obergärigen Bier keine qualitativen Vorteile außer einem: Es war länger haltbar und damit auch transportfähiger. Dies war ein Vorteil für die Braubetriebe.
Die Herstellung des untergärigen Bieres setzte allerdings voraus, dass jederzeit genügend Eis vorhanden war, um die schnelle Abkühlung der Würze zu gewährleisten. In Bayern mit seinen vergleichsweise kalten Wintern stand genügend Eis von Seen und Gletschern zur Verfügung, das in Felsenkellern gelagert wurde, damit auch in warmen Sommern ausreichend Eis vorhanden war. Der wirtschaftliche Vorteil der längeren Lagermöglichkeit des untergärigen Bieres überzeugte die Brauer und so verbreitete sich die neue Brauweise, begünstigt durch die Handelserleichterungen des Deutschen Zollvereins ab 1834, allmählich in ganz Deutschland. Felsenkeller im Rheinland zur Lagerung des Wintereises gab es in der Eifel und im Bergischen Land, nicht aber in der Kölner Bucht und am Niederrhein. Hier hätte wegen der milden Winter ohnehin nicht genug Eis geerntet werden können.
So hielt sich in diesem Gebiet das obergärige Bier. Damit ist ein Teil der »Altbiergrenze«, die zunächst eine Klimagrenze war, hinreichend erklärt.

Hier, wo das Vergleichmaß der Berge fehlt,
können Wolken, frei für den Blick, ihre kühnsten
Bauten schichten; der Kampf mit der Sonne hat hier
eine ganz sinnbildliche Wucht.

Otto Brües (1897–1967)

Das bunte Vieh in hunderten kleinen Herden bedeckte die unermessliche Ebene, die mit frischem, smaragdfarbenen Grün dem reinen blauen Himmel entgegenlachte.

Georg Forster (ca. 1510 – 1568)

Gleich, wenn wir hinter Kleve an die holländische Grenze gelangen, überraschen uns jedes Mal die Sauberkeit und Eigenheit des Landes.

Herbert Eulenberg (1876 – 1949)

Der Bauer und der Teufel

Es lebte einst im Geldernschen Land ein Bauer, dessen Hof schlecht war. Sand, Geröll und Steine ... aus solchem Boden wuchs wenig Frucht. Jede erdenkliche Anbaumethode schlug fehl. Von den winzigen Erträgen konnte der Bauer kaum seine Familie ernähren.

So wurden seine Sorgenfalten immer tiefer und der Hunger immer größer. Da kam ein feiner Herr des Weges, auf dem der Bauer mit kummervoller Miene stand. Er war schwarz gekleidet, hatte einen Buckel und zog das rechte Bein ein wenig nach. Er schien das Problem des Bauern erkannt zu haben, denn er sagte: »Einen neuen Hof mit fruchtbaren Boden kann ich dir wohl geben, wenn du mir dafür deine Seele verkaufst.« – »Was habe ich von einem neuen Hof, wenn man mich bald schon selber in die Erde legt?« erwiderte der Bauer. Der andere schlug jedoch vor: »Vierzehn Jahre hast Du Zeit, und wir machen das so: Im ersten Jahre bekomme ich das, was in der Erde, im nächsten das, was über der Erde wächst, und so fort, das ist dann gut und ehrlich geteilt.« Der Bauer war mit dem Vorschlag zufrieden. Er wusste aber auch, mit wem er den Vertrag abgeschlossen hatte und diesem zwielichtigen Gesellen war nicht zu trauen. Also wollte er dem Teufel ein Schnippchen schlagen.

So bezog er mit seiner Familie den neuen Hof und ein Jahr ging ins Land. Da tauchte der feine Herr wieder auf.

»Guten Tag, Herr Teufel«, sagte der Bauer fröhlich. »In der Erde ist in diesem Jahr leider nichts gewachsen. Korn und Erbsen, Bohnen ... alles über der Erde. Es tut mir sehr leid, aber in diesem Jahr gehen Sie leer aus.« Der feine Herr Teufel zog zornig seines Weges, wütend über den Misserfolg.

Und wieder verging ein Jahr, in dem der Bauer erfolgreich seinen Acker bestellte.

»Guten Tag, Herr Teufel«, grüßte der Bauer und fuhr fort: »Über der Erde ist dies-

Viele Menschen kriegen beim Anblick
der schönsten Natur eine Regung, wie die Hunde,
wenn sie Musik hören.

Karl Liebrecht Immermann (1796 – 1840)

mal nichts gewachsen, alles in der Erde, Rüben, Kartoffeln ... Ich bin untröstlich, dass ich Ihnen dieses Jahr wieder nichts mitgeben kann.«
Mit zornesrotem Kopf und Schaum vor dem Munde verließ der Teufel den Hof. Und so ging es Jahr für Jahr, bis der Teufel dessen überdrüssig wurde. So konnte es nicht weitergehen. Also ordnete er dem Bauern an: »Wir machen einen Wettkampf, und nun geht's um deine Seele, lieber Freund. Verlierst du, ist es von Stund an um dich geschehen.«
»Und wenn Ihr verliert?«, fragte der schlaue Bauer. »Wenn ich verliere, magst du vielleicht noch in hundert Jahren Herr auf deinem Hofe sein.«
Da nahm der Teufel einen faustgroßen Stein und warf ihn so hoch in die Luft, dass man ihn nicht mehr sehen konnte. Es dauerte lange, bis er – patsch – auf dem Weg in eine Wasserpfütze niederfiel, dass es nur so spritzte.
»Das ist dumm geworfen«, sagte der Bauer. Er ging ein paar Schritte in das Ackerfeld, griff eine Lerche aus dem Nest und warf sie – und der Teufel wusste nicht anders, als dass es ein Stein sei – hoch in die Luft. Die Lerche flog und flog, und der Teufel schaute und schaute, aber die Lerche kam überhaupt nicht mehr zurück. Damit hatte der Bauer erneut die Wette gewonnen, denn offensichtlich konnte er weiter werfen als der Teufel.
»Jetzt werden wir in die Weite werfen und nicht mehr in die Höhe«, meinte der Böse nun. Er warf einen schweren Felsstein bis weit hinter den Wald. Als jetzt der Bauer an der Reihe war, sagte er, dass er die Wette ja eigentlich längst gewonnen habe, aber ... es wäre nun eine dumme Sache: Sein Bruder sei bei den Soldaten, und nun wisse er nicht, ob in England oder Frankreich, in Italien oder Russland. Wenn er nun werfe und mit seinem Stein gerade seinen Bruder treffen und totwerfen würde ...
Als der Teufel das hörte, bekam er Angst und sagte kein Wort mehr. Schnell ließ er den Hof und die Seele des Bauern im Stich und zog mit Teufelsgestank davon.
Der schlaue Bauer aber verlebte noch viele glückliche Jahre auf seinem neuen Hof.

Der Niederrhein, das lang missachtete Land,
ist die letzte Rheinlandschaft,
gewissermaßen die Umkehr des alpinen Ursprungs.

Otto Brües (1897 – 1967)

Burgen und Schlösser

Das Niederrheingebiet ist besonders reich an stattlichen Adelssitzen, an Burgen und Schlössern. Doch wer ist sich bewusst, dass man heute nur die Resultate einer langen Entwicklung sehen kann? Neben Kirchen, vor allem aber Klöstern, die annähernd vergleichbare Organisationsabläufe und genau umgrenzte Funktionen vorweisen, stellen Burgen wichtige architektonische Zeugnisse der europäischen Geschichte dar. Sie wurden angelegt zur Befestigung des Landes, zum Schutz der Bevölkerung vor Feinden, aber auch als Verwaltungs- oder Machtzentren. Während für das Mittelrheingebiet die Höhenburgen charakteristisch sind, finden wir diese am Niederrhein äußerst selten; nur in Kleve und in Liedberg. Zwar nutzten am Niederrhein die Burgenbauer die vorhandenen natürlichen Erhebungen zur Errichtung ihrer Wohnsitze, doch sind die Höhenunterschiede hier nur gering. Die flachere Landschaft verlangte nach anderen Sicherungen. Im Laufe der Geschichte entwickelte sich am Niederrhein eine geschlossene Gruppe von Wasserburgen, die sich von benachbarten Gruppen, etwa im Münsterland oder im niederländischen Raum, unterscheidet. Stärker als bei Höhenburgen kann man bei Wasserburgen von einer Siedlungskontinuität sprechen, weil sie nur in ganz wenigen Fällen verlegt oder als Wohnsitz aufgegeben wurden. Sie lassen sich leichter durch Erweiterungen oder Modernisierungen den jeweils gewünschten Funktionen anpassen.

Das bedeutet jedoch keineswegs eine architektonische Monotonie. Was bei den Höhenburgen bekannt ist, hat auch bei den Wasserburgen seine Gültigkeit: Durch die Vielfalt baulicher Lösungen zeigt jede Burg ihr eigenes, man möchte sagen persönliches Gesicht.

Nach 1816, als nach der Französischen Revolution und der Restauration die preußische Regierung nicht an ein Wiederaufleben der Adelsprivilegien dachte, bildete die Landwirtschaft die wesentliche Existenzgrundlage des rheinischen Adels. Man war daher gezwungen, den Grundbesitz ökonomisch zu nutzen und nach Möglichkeit zu vermehren. Da dies nicht in jedem Fall möglich war, gingen viele Burgen und Schlösser vom Adel über an vermögende bürgerliche Landwirte.

Myllendonk

Alles am Rhein spricht zu uns
von einst erlebten besseren, glorreichen Tagen.

Johanna Schopenhauer (1766–1838)

Das Leben in der Natur
gibt die Wahrheit der Dinge zu erkennen.

Albrecht Dürer (1471–1528)

Bloemersheim

Die Erde weitet sich flach und fett
und speist den wandernden Blick des Beobachters
mit reichlicher, endloser Horizont-Nahrung.

Joseph Roth (1894 – 1939)

In gleicher Ausstattung erschienen:

Das kleine Buch von Weihnachten am Niederrhein

Das kleine Buch vom Ruhrgebiet
mit faszinierenden Fotos und amüsanten Texten von Herbert Knebel, den Missfits, Doktor Stratmann, Mimi Müller, Heinrich Wächter, Claus Sprick, Jürgen von Manger und Kumpel Anton
2. Auflage

Das kleine Buch vom Glücklichsein am Niederrhein
mit Fotos von Georg Sauerland, Zeichnungen von Thomas Plaßmann und Texten von Willi Fährmann, Christian Behrens u. a.
2. Auflage

Fotos

Titelmotiv (Vogel): Hans Glader, Isselburg

Spargel und Spargelrezepte: CMA Centrale Marketing-Gesellschaft der deutschen Agrarwirtschaft GmbH, Bonn

Niederrheinische Kaffeetafel: Brauerei Diebels, Issum

Alle anderen Fotos: Georg Sauerland, Kempen

Texte

»Wie«, aus: Hanns Dieter Hüsch / Norbert Schinner »Tach zusammen – Geschichten und Bilder vom Niederrhein«, Mercator-Verlag, Duisburg 1993

»Das weiße Gold vom Niederrhein«, gekürzt aus: Rita Mielke »Niederrheinische Küche«, Mercator-Verlag, Duisburg, 2. Auflage 1999

»Burgen und Schlösser«, gekürzt aus: Bernhard Gondorf / Werner Otto »Burgen und Schlösser – Höhepunkte niederrheinischer Baukunst«, Mercator-Verlag, Duisburg 1991

»Die Altbiergrenze«, gekürzt aus Genno Fonk »Altbier im Alltag – Biergeschichte vom Niederrhein«, Mercator-Verlag, Duisburg 1999

»... mit allem Dröm on Dran«, aus: »Unser Niederrhein – Anekdoten und Erzählungen, Geschichten und Gedichte«, Mercator-Verlag, Duisburg 1981

Redaktion: Lothar Koopmann

Gestaltung: Horst Hackstein

3. Auflage 2009

www.mercator-verlag.de
Druck: Uhl, Radolfzell
ISBN 978-3-87463-321-5